Niels Brabandt

Die Rolle von Ethik und Werten im Personalmanagement

Ethik und Werteorientierung als Erfolgsfaktor

4. Auflage

4. Auflage 2011

Berlin 2011

Inhalt

1 Einleitung

In der heutigen Zeit, in welcher Produkte und Dienstleistungen immer ähnlicher werden, Kundenzufriedenheit und Qualität einen immer größeren Stellenwert einnehmen, sind Unternehmen gezwungen, neue Strategien zu entwickeln, um am Markt auch weiterhin erfolgreich agieren zu können. Von besonderer Bedeutung ist hierbei das Image des Unternehmens. Leidet die Reputation, hat dies gravierende Folgen. Nicht nur Kunden und Finanzpartner reagieren zunehmend zurückhaltend – auch und vor allem Mitarbeiter zeigen eine erhöhte Wechselneigung, so dass neben

Absatzeinbußen und Finanzengpässen auch ungewollte Fluktuation das Unternehmen zusätzlich schwächen können. Eine langfristig konzipierte Personalmanagementstrategie muss also vor allem verhindern, dass es zu Demotivation, innerer Kündigung und schließlich zum Wechsel des Arbeitgebers kommt. In diesem Zusammenhang bekommt eine Personalführung, die sich an ethischen Grundsätzen und Werten orientiert, eine immer größere Bedeutung. Ziel dieser Buches ist es zu zeigen, welche Rolle Ethik und Werte im Personalmanagement spielen und wie sich Ethik und Werte auf die Unternehmensleistung auswirken. Hierbei werden die wichtigsten praktischen und

wissenschaftlichen Erkenntnisse der letzten
Jahre möglich kurz und präzise
zusammengefasst und als Überblick
dargeboten. Eine detaillierte Listung aller
weiterführenden Quellen finden Sie am Ende
dieses Buches. Die Kontaktdaten des Autors
sind in diesem Buch zudem nicht ohne Grund
angegeben – bei Fragen, Ideen, Anregungen
etc. können Sie mich jederzeit kontaktieren
und dies ist auch exakt so erwünscht.
Selbstverständlich ist diese Form der Hilfe,
des Beantwortens von Fragen o.ä. kostenlos.
Ich wünsche Ihnen nun viel Freunde und
Erfolgsmomente bei der Lektüre dieses
Buches.

Zu Beginn dieses Buches werden zunächst die Begriffe Werte, Ethik und Führungsethik erläutert, bevor dann die Bedeutung der Unternehmenskultur und eines ethik- und wertebewussten Personalmanagements analysiert wird.

Dies ist als Grundlage unabdingbar wichtig, da ansonsten eine fundierte Auseinandersetzung mit dem Thema nicht möglich wäre.

2 Begriffsdefinitionen

Werte, Ethik und Führungsethik

Seit der Antike sind Werte und Ethik Gegenstand der Diskussion. Bereits Platon und Aristoteles setzten sich mit Werten im Zusammenhang mit Ethik auseinander, da es den Terminus „Wert" damals noch nicht gab und Ethik gleichbedeutend war mit Wertephilosophie und -ethik, wenn auch unter anderer Bezeichnung.[1] Im Rahmen der philosophischen Ethik wurden Werte in der Regel als vor allem normative Verhaltenserwartungen betrachtet, wobei das

---

[1] Vgl. Tokarski (2008), S. 19

Gute und das Sittliche von besonderer Bedeutung waren.[2] Heute lässt sich wieder ein Trend zu ethischen Verhaltensregeln und Produktionsstandards feststellen, um Managern und Mitarbeitern im Unternehmensalltag Orientierung zu bieten.[3] Daraus leitet Löhner folgende Definition von Unternehmenswerten ab: „Unternehmenswerte sind der Bedingungsrahmen, in dem das Unternehmen seine Mitarbeiter handeln lässt".[4] Je wertorientierter ein Unternehmen aufgestellt sei, umso weniger benötige es einen „bürokratischen Unterbau", weil Werte

---

[2] Vgl. ebd.
[3] Vgl. Löhner (2005), S. 212
[4] Ebd.

dem Einzelnen als praktische

Orientierungshilfe in komplexen Situationen

dienten.[5]

Der Begriff Ethik stammt aus dem

Griechischen und bedeutet ursprünglich

Gewohnheit, Gesittung, Brauch oder

Charakter. Ethik als „philosophische

Ergründung und Erklärung sog. sittlicher

Tatsachen" reflektiert kritisch das Handeln

des Menschen im Kontext von Werten und

Normen. Kern ist das Verhältnis des

Menschen zu seinem Selbst, seinen

Mitmenschen und seiner ökologischen

---

[5] Ebd., S. 213

Umwelt.[6] Sie beantwortet die Grundfragen des menschlichen Lebens und gilt als das „höchste Gut", von dem sich auch Moral und Sittlichkeit ableiten.[7] Sie dient dem Menschen als Leitlinie, die ihn unterstützt, „Möglichkeiten der Verwirklichung der Sitten durch Reflexion zu erkennen und es ihm ermöglicht, moralisch entscheidungsbefugt zu sein" – damit lehrt die Ethik die eigentliche Grundlage für das heute bezeichnete urteilen bzw. beurteilen.[8]

Ein gutes Urteilsvermögen im Interesse aller Beteiligten ist auch eine Grundvoraussetzung

---

[6] Kunze (2008), S. 16
[7] Löhner (2005), S. 221
[8] Kunze (2008), S. 17

guter Personalführung. Personalführung

beinhaltet die direkte, persönliche Interaktion

von Vorgesetzten und Mitarbeitern und

implementiert damit einen

Kommunikationszusammenhang.[9] Die

Führungsethik beschäftigt sich in diesem

Zusammenhang mit der Frage der

menschenwürdigen und fairen Gestaltung der

Beziehung zwischen Vorgesetzten und

Mitarbeitern. Im Fokus stehen insbesondere

Fragen der Legitimation, der Begrenzung und

der verantwortungsvollen Ausübung der

Weisungsbefugnis von Führungskräften vor

dem Hintergrund der persönlichen Würde und

---

[9] Vgl. Göbel (), S. 171

der berechtigten Ansprüche der Mitarbeiter.[10]

Dies gilt es besonders zu betonen, da Unternehmen in der Regel hierarchisch strukturiert sind und dem Prinzip von Befehl und Gehorsam folgen. Dies ist aus Unternehmenssicht effizient, aus ethischer Sicht jedoch problematisch, da es gegen die prinzipielle Gleichberechtigung der Menschen verstößt.[11]

Ein Unternehmen, das nach ethischen Grundsätzen geführt wird, dokumentiert dies anhand der Kommunikations- und Konfliktlösungsstrategien seiner Führung. Eine Führung nach ethischen Grundsätzen

---

[10] Vgl. ebd.
[11] Göbel (), S. 171

zielt darauf, die Autonomie des einzelnen Mitarbeiters zu fördern, um seinen „kreativen Ungehorsam zu aktivieren", aus dem Anstöße und Veränderungen resultieren können, die wertvolles Innovationspotenzial für Unternehmen bedeuten.[12] Voraussetzung ist, dass diese ethischen Grundsätze auf gegenseitige Wertschätzung abzielen, mit hohen personalen statt ausschließlich funktionalen Anteilen. Sie bilden damit die Basis einer „tragfähigen Konfliktkultur".[13] Daraus resultiert schließlich eine Balance zwischen kreativem Ungehorsam, notwendiger Regelbefolgung, zwischen Wachstum und Stabilität.

---

[12] Löhner (2005), S. 229
[13] Ebd., S. 235

Eine Kultur der offenen und persönlichen

Kommunikation fördert zudem das

gegenseitige Verständnis, gegenseitige

Anerkennung und damit, was besonders

wichtig ist, Vertrauen.[14]

---

[14] Vgl. ebd.

3 Unternehmensethik und Unternehmenskultur

Das Thema Ethik rückt zusehends in den Fokus, insbesondere in Bezug auf die Gestaltung der Arbeitsverhältnisse und die ethische Verantwortung beispielsweise derjenigen, die Arbeitsplätze „vernichten".[15] Ethik entwickelt Prinzipien und Grundsätze, die besonders in Konfliktsituationen hilfreich sind, denen die Führung häufig ausgesetzt ist. Diese Konflikte entstehen aus Güterabwägungen, die wiederum eng an Wertvorstellungen gekoppelt sind. Dabei

---

[15] Wollert (2005), S. 15

unterscheidet man ökonomische, sprich monetäre Werte, und ethische Werte im Sinne von „Ideen vom Guten, Rechten und Anzustrebenden". Sie bilden die Richtschnur für unsere Daseinsgestaltung und die Beurteilung des Handelns anderer.[16] Ethik im Wirtschaftsleben „begründet also auf Werte aufbauende Grundsätze und –regeln guten und wirtschaftlichen Verhaltens" und übt damit, neben Gesetz und Gewinnprinzip, eine wichtige Orientierungsfunktion für die Führung aus.[17] Das Unternehmen – wie der Einzelne – möchte erfolgreich sein, aber gleichzeitig auch akzeptiert und anerkannt werden. Auch in und von der Wirtschaft wird

---

[16] Ebd.
[17] Wollert (2005), S. 16

moralisch einwandfreies Verhalten erwartet,

so dass es in unserer Gesellschaft keinen

ethikfreien Bereich gibt.[18] Die somit oft

verwendete Formulierung, welche bereits

nahezu zur Floskel verkommen ist, eines

sogenannten „wertelosen Management" oder

einer „wertelosen Führung" zeugt von einem

immer noch großen Unwissen seitens der

Medien und anderer beteiligter Personen. Ein

Individuum kann per definitionem nicht ohne

Werte agieren, da ansonsten jegliches

Antriebs- bzw. Motivationsmuster für jegliche

Aktivität fehlen würde. Hier wird deutlich,

dass die Diskussion in sich eigentlich von

einer gesellschaftlich-sozial verurteilten

---

[18] Vgl. ebd.

Werteorientierung ausgeht und eben jene die Basis für eine weitere Be- und oftmals auch Verurteilung bildet.

Unternehmensethik ist vor diesem Hintergrund das Ergebnis einer Wechselbeziehung zwischen der Ethik der einzelnen Individuen, den institutionellen Normen im Unternehmen und den Anforderungen einer kritischen Öffentlichkeit.[19] Dabei ist Unternehmensethik kein unabhängiges Phänomen, sondern muss stets in Verbindung mit der Sinnorientierung eines Unternehmens, seiner Strategie und Kultur betrachtet werden. Zielt

---

[19] Vgl. Franken (2007), S. 225

die unternehmerische Tätigkeit im Wesentlichen auf die Gewinnmaximierung ab, kann es zu einem Konflikt zwischen den Unternehmenszielen und der Unternehmensethik kommen. Häufig werden dann die ethischen Überlegungen als „störender Faktor und ihre Nichteinhaltung als legitim angesehen".[20]

Insbesondere die Unternehmenskultur hat entscheidenden Einfluss auf die Handlungsweise der Beteiligten, da sie als „Filter" wirkt, durch den die Akteure ihr Umfeld wahrnehmen, und die auch ihre

---

ethische Perspektive wesentlich beeinflusst.[21]

Die „prägende Kraft unternehmenskultureller Werte und Normen" zeigt sich besonders bei der Eingliederung neuer Mitarbeiter.

Wird ein neuer Mitarbeiter durch seinen Vorgesetzten nachdrücklich auf bestimmte Geschäftspraktiken hingewiesen, die in der Branche üblich sind, wie beispielsweise Bestechung, könnte er derartige Geschäftspraktiken als Teil seiner Aufgabe betrachten und sie nicht weiter hinterfragen.[22]

---

[21] Vgl. Gräbner-Kräuter (2000), S. 297
[22] Vgl. ebd., S. 298

4 Ethik- und wertebewusstes Personalmanagement

Das gesellschaftliche Umfeld fordert mittlerweile verstärkt die Bereitschaft von Unternehmen, moralische Verantwortung zu übernehmen und die Unternehmenswerte in ethischer Perspektive zu überdenken.[23] Werte und Normen bilden die Grundlage des menschlichen Zusammenlebens – auch in Unternehmen. Daher können Wertemanagementsysteme als Instrumente der Unternehmensethik den ökonomischen Erfolg und die langfristige Entwicklung

---

[23] Vgl. Gräbner-Kräuter (2000), S. 303

steuern.[24] Bei diesen Instrumenten handelt es sich im Sinne der materiellen Ethik um Gebote und Verbote, im Sinne der formalen Ethik um Verfahrensregeln, die die Selbstbestimmung fördern. Diese normativen Werkzeuge umfassen dabei sowohl die Bestandteile des Unternehmensleitbildes als auch verschiedene betriebliche Regelungen.[25] Festgehalten werden diese oftmals nicht nur in den auch rechtlich verbindlichen Betriebsvereinbarungen.

Der Einfluss der US-amerikanischen Märkte wird hier immer deutlicher indem Unternehmen und Organisationen sich sogenannte *Mission*, *Vision* und *Value*

---

[24] Vgl. Kunze, Max (2008), S. 170
[25] Vgl. ebd.

Statements entwerfen bzw. entwerfen lassen.

Oft wird von Mitarbeitern hier beklagt, dass

es bei diesen Unternehmens- bzw.

Organisationsleitlinien bei reinen

Lippenbekenntnissen bleibt, deren Erfüllung

zwar von hierarchisch höher gestellten

Führungskräften gefordert, jedoch selbst

nicht eingehalten und somit vorgelebt wird.

Hier besteht ein immenser Gefahrenfaktor,

dass die Führungsebene Ihre Glaubwürdigkeit

und somit Akzeptanz verliert. Der Ansatz der

nicht nur an rein hierarchischen Grundsätzen

orientierten Führung kann hier schnell

konterkariert werden mit massiven Folgen

auf die Performanz der eigenen

Mitarbeiterinnen und Mitarbeiter.

Von zentraler Bedeutung ist daher die

Umsetzung der Werte im

Unternehmensalltag. Diese Aufgabe obliegt

zu großen Teilen dem Personalmanagement.

Aufgabe der Führung ist es, „einen

leistungsbezogenen Erfolg zu erzielen".[26]

Dabei dürfen einerseits die

Persönlichkeitsrechte der Mitarbeiter nicht

verletzt werden, während ihnen andererseits

größtmögliche Chancen zur

Persönlichkeitsentfaltung gewährt werden

müssen. Das bedeutet insbesondere, dass die

Führung mit der Gestaltung der

Arbeitsbedingungen

---

[26] Hentze (2005), S. 52

und –beziehungen auch die Lebensqualität der Mitarbeiter beeinflusst, so dass sich aus der Führungsposition nicht nur eine Erfolgs-, sondern auch eine Humanverantwortung ergibt.[27] Ethische Normen in der Personalführungspraxis belegen nach Hentze zum Beispiel den Schutz der Privatsphäre, Sicherheit am Arbeitsplatz und Sicherheit des Arbeitsplatzes, menschenwürdig sowie menschengerecht gestaltete Arbeitsplätze, Schutz vor ungerechter und willkürlicher Behandlung, weitreichende Selbstbestimmung, Partizipation, Weiterbildung und Personalentwicklung, persönliche Entfaltungsmöglichkeiten und

---

[27] Vgl. ebd.

Förderung durch den Vorgesetzten.[28] Damit

richten sich ethische Normen in der

Personalführung insbesondere gegen die

„technokratische Reduktion des Menschen auf

einen funktionierenden, gewinnbringenden

Produktionsfaktor".[29]

---

[28] Ebd., S. 53
[29] Hentze (2005), S. 52

Wittmann postuliert drei Verpflichtungen für ein ethikbewusstes Personalmanagement, die allerdings nicht als „als konkrete Handlungsregeln und moralische ‚Rezepte' missverstanden werden" dürften, sondern als ethischer „Grundriss" aufgefasst werden sollen[30]:

1. „Respektiere den Mitarbeiter vorbehaltlos als Person

2. Handle nur nach Maximen, die den diskursethischen Legitimationstest bestehen

3. Verbessere die Bedingungen der Möglichkeit ethisch verpflichtenden Handelns".

---

[30] Wittmann (1997), S, 336

Ethisches Verhalten den Mitarbeitern gegenüber kann dann nicht nur einen wesentlichen Beitrag zur Verbesserung des Unternehmensimages leisten, sondern auch die Arbeitszufriedenheit deutlich steigern und damit innerer Kündigung oder sogar ungewollter Personalfluktuation vorbeugen, die mit hohen Kosten für das Unternehmen verbunden sind. Ein der Ethik verpflichtetes Personalmanagement kann nur auf einem positiven Menschenbild, gegenseitigem Respekt und gegenseitiger Akzeptanz basieren. Schließlich geht es darum, in einem fortwährenden Prozess die Balance zwischen Ökonomie und Ethik zu finden.[31]

---

[31] Vgl. ebd.

„Mit Werten führen" lautet das Schlagwort, d. h. eine Werteordnung gestalten, mit der sich die Mitarbeiter identifizieren können. Denn nur dort, wo Effektivität und Humanität gleich gewichtet sind, „können die Menschenunternehmen zu einer Wertegemeinschaft zusammenwachsen".[32]

---

[32] Rosche (2005), S. 87

Rosche hat in diesem Zusammenhang einige Aspekte einer sinn- und wertorientierten Führung definiert:

- Die Qualität der Führung ist der entscheidende Wettbewerbsfaktor.

- Das Führungssystem ist der wichtigste Gestaltungsfaktor für das Verhalten der Menschen.

- Das Menschenbild ist der Kern des Bewusstseins.

- Sinnerfüllung heißt Werteverwirklichung durch Handeln in einer konkreten Situation.

- Der Sinn des Führens ist die Leistung.

- Die Leistung besteht aus der Transformation von Wertmöglichkeiten in verwirklichte Werte.

- Schöpferische Werte, Erlebniswerte und Einstellungswerte bilden die individuelle und gemeinschaftliche Wertebasis für den Unternehmenswert.[33]

---

[33] Rosche (2005), S. 87

5   Ethik und Werte

als ökonomischer Erfolgsfaktor

Immer mehr Unternehmen erkennen, dass

die Implementierung ethischer Werte die

Realisierung ihrer ökonomischen Ziele

deutlich vorantreibt. Erstrebenswert ist daher

eine Verbindung von Führung und Integrität,

von unternehmerischer Führung und

ethischer Sensibilität.[34] Ein mit Ethik und

Werten geführtes Unternehmen ist sowohl für

Mitarbeiter als auch Kunden deutlich

attraktiver als ein Wettbewerber, der stets

die Grenzen des Erlaubten testet. Und diese

---

[34] Vgl. Hemel (2007), S. 236

Attraktivität ist letztlich die Voraussetzung für wirtschaftlichen Erfolg.[35] Nach der klassischen Differenzierung der Erfolgsfaktoren in harte (z.B. Marktführerschaft, Marketing, Spezialisierung, Kundennähe, Qualität, Organisationsstruktur etc.) und weiche (z.B. Motivation, Leistungsbereitschaft, Unternehmenskultur, Zeitmanagement, Managementqualität etc.) Faktoren zählt die Ethik folglich zu den weichen, da dieser Bereich eher mit Leitbildern, Motivation und Identifikation zu tun hat als mit Controlling, Marketing oder Produktmanagement.[36] Dabei gilt es allerdings zu beachten, dass die harten

---

[35] Vgl. ebd.
[36] Vgl. Dietzfelbinger (2008), S. 88

von den weichen Erfolgsfaktoren abhängen und umgekehrt. Die optimale Organisation von Produktionsabläufen ist wertlos, wenn die Mitarbeiter diese nicht optimal umsetzen sowie unter möglichst maximalem Einsatzwillen, welcher auf intrinsischen und somit eigenen Antriebsmomenten besteht, realisieren. Auch das Innovationspotenzial eines Unternehmens hängt eng mit der Motivation der Mitarbeiter zusammen.[37] Die Erfolgsfaktoren eines mit Ethik und Werten geführten Unternehmens beziehen sich entsprechend stark auf die Motivation und Leistungsbereitschaft der Mitarbeiter: In einem nach ethischen Grundsätzen geführten

---

[37] Vgl. ebd.

Unternehmen gibt es weniger Fehlzeiten, weniger Fluktuation unter den Spitzenkräften, mehr Bewerber und eine höhere Produktqualität durch mehr Verantwortungsgefühl und Sorgfalt seitens der Mitarbeiter.[38]

Es existieren heute bereits mehrere nationale und auch internationale Agenturen, welche in einem wettbewerbsähnlichen Betrieb verschiedene Unternehmungen sowie Organisationen, welche sich selbst von sich aus anmelden, bewerten. Am Ende eines zuvor festgelegten Zyklus unter Bewertung verschiedenster Faktoren werden in einer öffentlichkeitswirksamen Zeremonie die hier

---

[38] Vgl. Dietzfelbinger (2008), S. 89

festgestellten besten Organisationen und Unternehmungen honoriert. Anschließend sind jene Institutionen berechtigt mit dieser erhaltenen Auszeichnung für ein Jahr zu werben und diese als Eigenwerbung für sich einzusetzen. Besonders im Zuge des sogenannten „War for Talent"[39] wird eine derartige Positionierung immer wichtiger. Der prognostizierte und sich immer stärker abzeichnende sowie auswirkende Fachkräftemangel sowie die Internationalisierung von Hochschulabschlüssen, welche bis heute den Niedergang des fundierten wissenschaftlichen

---

[39] Dieser Anglizismus bezeichnet vor allem das immer stärker notwendig werdende Werben von Unternehmungen für qualifiziertes Personal.

Niveaus besonders im europäischen Wirtschaftsraum zu Folge hat, stellen hier ebenso wichtige Faktoren dar.

Ethisches Verhalten im Wirtschaftsleben rechnet sich folglich, allerdings langfristig, da es zunächst mit Kosten verbunden ist. Damit ist die Investition in ethisch wünschenswertes Verhalten, wie Dietzfelbinger konstatiert, „im doppelten Sinne nicht umsonst".[40]

---

[40] Ebd.

6 Schlussbetrachtung

Eine wertorientierte Unternehmensführung zahlt sich aus, wie gezeigt werden konnte. Die Zahl der Wirtschaftsskandale dokumentiert, dass Ethik und Werte in der Unternehmensstrategie notwendigerweise implementiert werden müssen, um das Image des Unternehmens und damit den zentralen Erfolgsfaktor zu sichern. Das Vertrauen in ein Unternehmen resultiert nicht mehr nur aus der in Zahlen messbaren Unternehmensleistung, sondern orientiert sich zunehmend an „weichen" Erfolgsfaktoren wie Image, Motivation oder Führungsstil.

Dabei kommt dem Personalmanagement eine Schlüsselrolle zu, da die Unternehmensleistung wesentlich mit der Arbeitsleistung der Mitarbeiter zusammenhängt und diese wiederum unmittelbar mit der Motivation der Mitarbeiter. Eine Unternehmenskultur, die auf Werten basiert und ethische Grundsätze vermittelt, beeinflusst die Motivation deutlich positiv und ist fundamental für die Mitarbeiterbindung im Unternehmen. Die Investition in ein ethik- und werteorientiertes Unternehmens- und speziell Personalmanagement ist damit eine Investition in die Zukunft des Unternehmens. Dennoch darf der positive Effekt von Ethik und Werten im Personalmanagement nicht

als alleinige Bedingung für den ökonomischen

Erfolg eines Unternehmens betrachtet

werden.

Nur mit Ethik und Werten allein lässt sich

kaum wirtschaftlich erfolgreich agieren,

dennoch hat ökonomischer Erfolg wesentliche

Nebenbedingungen, zu denen eben auch oder

gerade Ethik und Werte zählen.

Sofern somit die Führungsebene einer

Unternehmung oder Organisation, vor allem

auf formaler und somit vertraglicher Ebene,

nicht nur auf rein kurzfristig orientiertem

wirtschaftlichen Erfolg bemessen und

honoriert wird, so ist eine an sozial-normativ

anerkannten ethisch korrekten Werten

anerkannte Unternehmens- und

Personalführung in mittel- und vor allem

langfristiger Sicht stets deutlich erfolgreicher

als eine im Vergleich zu betrachtende

transaktionale rein finanziell orientierte

Führung.

Literatur

Dietzfelbinger, Daniel (2008): Praxisleitfaden
Unternehmensethik. Kennzahlen,
Instrumente, Handlungsempfehlungen.
Wiesbaden: Gabler.

Franken, Swetlana (2007):
Verhaltensorientierte Führung. Handeln,
Lernen und Ethik in Unternehmen.
Wiesbaden: Gabler.

Goebel, Elisabeth (2006):
Unternehmensethik. Stuttgart: Lucius &
Lucius.

Grabner-Kräuter (2000): Zum Verhältnis von Unternehmensethik und Unternehmenskultur. In: Zeitschrift für Wirtschafts- und Unternehmensethik. 1/3 2000. S. 290–309.

Hemel, Ulrich (2007): Wert und Werte. Ethik für Manager – Ein Leitfaden für die Praxis. 2. Aufl. München: Carl Hanser.

Hentze, Joachim et al. (2005): Personalführungslehre. 4. Aufl. Bern: Haupt.

Kunze, Max (2008): Unternehmensethik und

Wertemanagement in Familien- und

Mittelstandsunternehmen. Projektorientierte

Analyse, Gestaltung und Integration von

Werten und Normen. Wiesbaden: Gabler.

Löhner, Michael (2005): Führung neu

denken. Das Drei-Stufen-Konzept für

erfolgreiche Manager und Unternehmen.

Frankfurt/Main: Campus.

Rosche, Günter (2005): Mit Werten führen. Werte leben – Vom Ideal zur Wirklichkeit. Führungsqualität und Werteverwirklichung in Unternehmen. In: Graf, Helmut (Hrsg.): Mit Sinn und Werten führen. Was Viktor E. Frankl Managern zu sagen hat. Wien: LIT-Verlag. S. 87–106.

Tokarski, Kim Oliver (2008): Ethik und Entrepeneurship. Eine theoretische sowie empirische Analyse junger Unternehmen im Rahmen einer Unternehmensethikforschung. Wiesbaden: Gabler.

Wittmann, Stephan (1997): Ethik im

Personalmanagement. Grundlagen und

Perspektiven einer verantwortungsbewussten

Führung von Mitarbeitern. Dissertation der

Universität St. Gallen.

Wollert, Artur (2005): Ethik-Kodex für

Personalmanager. Online im Internet: URL:

http://www.fuks.org/fileadmin/download/tran

sfer/kt32/KT_32_KodexPM.pdf. [Stand

15.06.2010].